Conférence prononcée le 18 Décembre 1910 à la
R∴ L∴ Claude Tillier, Or∴ de Clamecy par
le fr∴ Maurice LE BLOND, 1er surv∴

Ce serait vraiment, de ma part, dépasser les
limites permises de l'outrecuidance que de vouloir
présenter Claude Tillier à des Nivernais. De tous
les écrivains du XIXe siècle, l'auteur de *Mon Oncle
Benjamin* fut assurément l'un des rares qui restèrent
rigoureusement fidèles à leur petite patrie. Aucun ne
demeura plus étroitement attaché à son terroir. Il fut
un *enraciné* dans l'acception la plus forte du terme,
et bien avant que ce mot n'ait été inventé. Le décor,
les paysages de ses livres sont empruntés aux sites de
cette région. Ses romans sont des sortes d'épopées
héroï-comiques, où s'évoquent des types représenta-
tifs de votre race, lesquels n'ont pas cessé de subsister,
dans des aspects pittoresques de petite ville, qui vous
seraient encore familiers aujourd'hui.

Claude Tillier est donc par ses origines, par sa
tournure d'esprit, par son existence et par la nature
même de son œuvre, un clamecycois authentique. Il
est des vôtres et il a tenu à rester tel. A l'exemple de
tant d'autres, il ne fut pas fasciné par l'attrait de
Paris, par le prestige de la grande cité, qui, pour la
plupart des savants, des penseurs, des artistes,
demeure la suprême dispensatrice de la fortune, des
honneurs et de la gloire.

A vingt-cinq ans, une fois quitte envers le service
militaire, il revient se fixer définitivement à Clamecy
qu'il ne quittera plus guère que pour aller plus tard à
Nevers, exercer le métier de journaliste. Il se résigne
à vivre dans l'obscurité et dans la pénurie misérables.
Quoique nanti d'un bon bagage classique, il n'hésite
pas à adopter la profession, alors décriée, besogneuse
et humiliée, — quand on n'appartenait pas à un ordre
congréganiste — de maître d'école. Dans une petite
cité, où les idées, à cette époque, étaient plus
étroites encore que les ruelles tortueuses il lui
faudra subir les persécutions incessantes que lui
attire son indépendance, la sournoise hostilité de la

gent cléricale, les stupides arrogances des bourgeois, la méprisante grossièreté des hobereaux.

Pour tout homme qui pense, a écrit un jour Anatole France, la Province est un désert. En admettant que la chose soit contestable aujourd'hui, elle était certainement vraie il y a soixante-dix ou quatre-vingts ans. Pas plus qu'aujourd'hui d'ailleurs, la considération n'allait à la valeur intellectuelle et morale de l'homme, aux trésors de beauté intérieure qu'il peut porter en soi, mais à la fortune, au rang honorifique, à la fonction occupée par l'individu. La lâcheté publique aime à se prosterner devant un millionnaire imbécile qui l'éclabousse de son luxe méprisant, mais elle ne manque jamais de s'insurger contre la supériorité de l'intelligence, contre l'énergie individuelle, qui n'apporte pour tous biens que son honnêteté, son savoir, son héroïsme ou son talent. Les hommes jugent leurs semblables, non pas sur leur physionomie véritable, mais d'après le mensonge de leurs habits. Et Claude Tillier, mes fr.·., ne l'oublions pas, était un pauvre, un fils du Peuple, un malheureux obligé de gagner péniblement son pain. Or, à un Pauvre, on ne pardonne pas cette fierté que donne le talent, ni cette claire lueur du regard qui décèle la richesse spirituelle. Tillier connut donc le sort du Pauvre qui demeure convaincu du crime de penser. Toute son existence fut celle d'un paria et d'un maudit. Pour le punir de ses audaces de pensée, on essaya de l'affamer, on lui retira son gagne-pain, on le traîna en prison. Rien n'y fit. On n'arriva pas à museler l'intrépide et généreux pamphlétaire. Traqué par ses compatriotes, rien n'altéra sa bonne humeur, sa dignité, son entrain à dénoncer les iniquités, les préjugés, les conventions religieuses ou sociales, et à combattre pour les justes causes.

Sa ville natale, au surplus, garda longtemps une sourde rancune envers celui qui avait contribué à émanciper plusieurs générations de ses enfants. Et il fallut à Claude Tillier attendre plus d'un demi-siècle, pour que, sous l'administration d'une municipalité républicaine, un membre du gouvernement français vint rendre au plus illustre fils de cette cité, la légitime et suprême réparation à laquelle il avait droit.

Mes fr.·.,

En donnant à notre atelier le nom de L.·. Claude Tillier, nous avons voulu nous aussi, à notre tour, ajouter à cette réparation, et nous avons désiré par la même occasion, rendre un **hommage mérité** à un précurseur de maintes idées philosophiques qui nous sont chères.

Lorsqu'on apprit, dans le public, la fondation d'une Loge à l'or∴ de Clamecy, vous avez pu constater que certaines feuilles réactionnaires, inféodées à l'Evêché, nous ont blâmé du choix de notre titre. A les entendre, l'ombre du bon Claude aurait frémi dans sa tombe, en apprenant l'emploi sacrilège que vous auriez fait de son nom.

En parlant de la sorte, ces candides plumitifs ont tout simplement démontré qu'ils ignoraient le but et l'idéal de la F∴ M∴, ce qui n'a rien d'étonnant et ce qui est excusable. Mais ils ont encore prouvé, ce qui est beaucoup plus grave, qu'ils ignoraient l'œuvre de Tillier, ou que, s'ils l'avaient lue par hasard, ils n'avaient rien discerné de son esprit. Pourquoi donc, en effet, l'écrivain des pamphlets aurait-il été taxé d'impiété par les prêtres, et traité par le clergé d'esprit infernal ?

Dans ces conditions, ce n'est pas, croyons-nous, une besogne inutile que de dégager les idées philosophiques, morales et sociales de l'écrivain et du penseur sous le patronage de qui vous avez placé ce nouveau Temple.

Tout d'abord, je dois dire qu'il y a entre le Libre Penseur d'aujourd'hui et Claude Tillier une différence très sensible et notable. Le libre penseur du XXe siècle est volontiers areligieux, pour me servir d'une expression à la mode, c'est-à-dire qu'il est d'avis que la religion est **parfaitement** inutile à la conduite morale de la vie, et il croit encore que la notion du Bien et du Mal n'a pas été révélée à l'Homme par une puissance surnaturelle, mais au contraire, que cette notion s'est élaborée lentement en nous, au cours des milliers de siècles qui constituent l'histoire de l'Humanité. Il considère encore que la foi est incompatible avec l'intelligence scientifique qui ne peut s'incliner, elle, que devant l'évidence expérimentalement établie.

Or, Claude Tillier, qui n'avait pas subi la discipline positiviste que nos générations ont connue, ne pouvait partager une pareille conception. Il n'est pas tout à fait un libre penseur, il serait plutôt, si vous aimez mieux, ce que je pourrais appeler un libre croyant.

Le mot Dieu revient souvent dans ses livres, mais la force mystérieuse qu'il aime à dénommer ainsi n'a aucun rapport avec le Père Eternel, tel que le décrit le catéchisme, cette étrange Providence quelque peu arbitraire, qui restera toujours indulgente envers le criminel lui-même, pourvu qu'il paye régulièrement le denier du Culte, qu'il s'agenouille au Confessional et qu'il ait reçu l'Extrême-Onction.

Le Dieu qu'il évoque donc à travers la magnificence de la nature, à travers la féerie des saisons et des heures, est un peu le Dieu de Jean-Jacques Rousseau, un Dieu sans autel, une sorte de force panthéiste et suprême, à laquelle on ne doit aucun culte. Il est un peu ce que nos ancêtres appelaient dans le langage de la Maç∴ ancienne, le grand architecte de l'Univers. C'est une entité idéale, envers qui la prière elle-même apparaît vaine, inutile, inconvenante.

A cet égard, le bon Claude Tillier nous fait dans un de ses pamplets des aveux significatifs :

« Je prie rarement Dieu, écrit-il sur ce ton persiffleur et sincère qui lui est personnel — je prie rarement Dieu, et voici pourquoi : parce que Dieu sait mieux que moi ce qu'il doit faire, parce que je crains de lui demander des choses qui ne soient pas bonnes, parce que, sans que nous lui demandions, tous les matins, il fait lever son soleil, et tous les ans, il couvre la terre d'herbes, de fruits et de moissons. Je ne l'adore pas non plus, parce qu'il n'a pas besoin qu'on l'adore, parce qu'un homme ne peut rien pour sa satisfaction, parce que d'ailleurs ces hommages que la foule lui adresse ce sont les adulations de créatures intéressées qui s'imaginent ainsi aller au Paradis ».

A lire ces simples phrases, on transperce un peu de l'esprit anti-clérical, on conçoit déjà que Claude Tillier n'avait rien d'un catholique orthodoxe.

Par contre il nous apparaît un peu comme un socialiste mystique ou plutôt comme un démocrate chrétien. A la vérité, comme beaucoup d'hommes de sa génération, il avait été imprégné par les théories de Lacordaire et de Lamennais. A la servilité du clergé contemporain, domestiqué par les riches et les grands, au charlatanisme de ses prêtres, aux mascarades religieuses, aux dogmes rétrécis et inhumains de l'Eglise romaine, il opposait la simplicité du christianisme primitif, recruté parmi les miséreux et les esclaves. Le Galiléen, pour lui, n'était pas le fils de Dieu, mais l'apôtre d'une cité meilleure, l'ancêtre d'un communisme mystique, basé sur la fraternité des faibles et des opprimés. Il admire, en socialiste sentimental, la vie de ces premiers chrétiens qui ne formaient qu'une même famille, « vivant du même pain quotidien et semblable à un grand arbre dont toutes les feuilles vivent de la même sève »

« Pourquoi donc, s'écrie Claude Tellier, avec un accent qui fait penser à celui de Tolstoï, pourquoi cette douce égalité qui devait faire passer tous les hommes sous sa guirlande de fleurs a-t-elle disparu, tandis que la croix est restée debout. C'est que les prêtres d'autrefois ont, dans l'intérêt de leur ambition, faussé l'esprit du christianisme ; ils ont détourné sur des espaces arides ce vaste fleuve qui devait fertiliser les royaumes et les empires. L'Evangile avait été mis dans leurs maisons comme un instrument d'esclavage ; ils ont vendu au boucher le troupeau qu'on leur avait donné à conduire ; ils ont traîtreusement pactisé avec les rois.

« Il leur est permis d'opprimer les peuples à condition qu'eux, les prêtres, ils opprimeraient les rois eux-mêmes et marcheraient sur leur couronne. Aussi, il n'est point de tyrannie si abominable qu'ils n'aient bénite, point de front souillé de crimes qu'ils n'aient frotté de leur huile sainte.

« Nous, les hommes de liberté et de progrès, si jusqu'alors nous ne sommes pas venus au Christ, c'est que le large tricorne dont on l'affublait, nous cachait la majesté de son front et la sérénité de son regard. Mais pourquoi ne serions-nous pas les prêtres de ce christianisme qui doit affranchir le monde ? Sur le gibet de Jésus, ils ont écrit I. N. R. I., écrivons nous sur son front couronné d'épines : Jésus, fils de Dieu, premier martyr de la Liberté ».

Ainsi donc, Claude Tillier envisageait volontiers le pâle crucifié, le sans-culotte Jésus, comme on disait alors, ainsi que l'annonciateur lointain et mystérieux d'une Société future, quelque peu romantique, d'une République d'utopie, où règnerait une fraternité chimérique et merveilleuse. Volontiers, il eut adopté cette formule selon laquelle la Déclaration des Droits de l'Homme ne serait que l'*Evangile laïcisé*. En cela, le brave Claude Tillier se trompait. La Déclaration des Droits de l'Homme, devenu le *credo* républicain, est née, vous le savez, au sein de la Maçonnerie, et la belle devise *Liberté, Egalité, Fraternité*, qui demeure d'ailleurs irréalisable dans la Société, est issue mes fr∴ de nos ateliers, dont elle était la règle et la charte et où elle continue d'être observée.

Et puis, quand l'auteur de *Mon Oncle Benjamin* se représentait l'évangélisme primitif sous des traits aussi arcadiens, il était, sans le savoir, le jouet de son imagination.

Il avait trop lu Châteaubriand, et il avait dû être particulièrement séduit par ce roman inexact, fictif et poétisé, qui s'appelle les *Martyrs*. Depuis lors, les travaux de l'exégèse moderne nous l'ont irréfutablement démontré. Les sociétés de premiers chrétiens furent des cohues asiatiques et barbares. Avec une fureur sauvage et dévastatrice, avec une rage de saboteurs ignares, ils se ruèrent à la destruction de la civilisation antique, admirable par son art, par sa culture et par sa philosophie. Armés de la torche et du fer, ils s'efforcèrent de détruire à jamais les derniers vestiges de l'humanisme hellénique.

Les premiers disciples du philosophe Christos marquèrent en vérité, une faillite de l'intelligence, une régression de l'esprit humain. Ils préludèrent, par leurs excès barbares, par leur ignorance, à l'obscure nuit du Moyen-Age, pendant laquelle on put croire l'Humanité à nouveau plongée dans les ténèbres de la Préhistoire.

Non, la Société future, la Cité de demain qui sera bâtie selon la science et selon la justice, ne pourra avoir aucun rapport avec les néfastes rêveries du pâle Jésus de Nazareth.

Car il faut bien le dire, il n'y a pas une société qui serait capable de vivre sous l'application stricte de l'Evangile. Jésus est le destructeur de tout ordre, de tout travail, de toute vie. Il a nié la femme et la terre, l'éternelle nature, l'éternelle fécondité des choses et des êtres. La terre, selon le christianisme, n'est plus qu'un péché, un enfer, que l'on traverse pour mériter le ciel !

Et le salut par la charité, est-ce que tout désormais ne proclame pas sa faillite. Aujourd'hui l'expérience est faite, le salut humain n'est pas possible par la charité, il ne saurait être réalisé que par la solidarité et par la justice.

Voilà près de deux mille ans que l'Evangile avorte. Jésus n'a rien racheté, et, malgré lui, à cause de lui peut être, la souffrance de l'humanité est restée aussi grande, aussi injuste.

N'est-ce pas l'Evangile encore qui, après avoir divinisé la stérilité faisait de l'ignorance une vertu ?

Cette naïve conception ne tient guère debout, devant les innombrables conquêtes de l'esprit scientifique, et elle devait inspirer à Emile Zola ces éloquentes paroles : (1)

« La parole de l'Evangile. Heureux, les pauvres d'esprit est la plus effroyable fausseté qui, pendant des siècles, a maintenu l'humanité dans le bourbier de misère et de servitude.

« Les pauvres d'esprit sont forcément du bétail, de la chair à esclavage et à souffrance. Tant qu'il y aura des pauvres d'esprit, il y aura des multitudes de bêtes de somme, exploitées, mangées par une minorité infime de voleurs et de bandits. Un jour l'humanité heureuse sera l'humanité qui saura et qui voudra. C'est du noir pessimisme de la Bible qu'il faut délivrer le monde écrasé depuis deux mille ans. Heureux ceux qui savent, heureux les intelligents, les hommes de volonté et d'action, parce que le royaume de la terre leur appartiendra. »

Mes fr.·.,

Si j'ai commis cette citation, qui est comme un hymne à l'Ecole ainsi qu'un vivant appel à la diffusion de la science par l'Instruction, croyez bien que c'est à dessein, car Claude Tillier fut un chaleureux partisan de la réforme scolaire, et il nous a laissé à ce sujet de nombreux écrits.

De l'instruction, Tillier nous parle en pédagogue expérimenté et averti. La première réforme à accomplir selon lui, c'est le relèvement des salaires dérisoires dont étaient, à cette époque, gratifiés les Instituteurs. Le journaliste de *l'Association*, qui fit en faveur de l'établissement du Suffrage Universel des campagnes si ardentes, ne se dissimulait pas que ce mode de suffrage ne deviendrait vraiment légitime et efficace que du jour où le peuple serait émancipé dans sa totalité par l'Instruction répandue à flots. Or, à une démocratie consciente il faut des éducateurs qui soient des hommes libres, qui soient des citoyens élevés à une situation digne et indépendante. Ce sont là des idées qui nous paraissent à présent toutes naturelles, car elles se trouvent à peu près réalisées, mais qui semblaient particulièrement

____

(1) Emile Zola. Les quatre Evangiles : *Vérité*.

nouvelles et hardies, lorsque, en 1841, notre auteur écrivait ceci :

« L'Education primaire n'existe encore chez nous qu'à l'état de principe. Sans doute, nous avons forcé les communes de lui bâtir à grandes frais des écoles : nous avons voulu qu'elle ait comme un enfant de bonne maison, un mentor prudent et éclairé... Nous n'avons oublié qu'une chose, c'était de lui donner une rétribution suffisante et des professeurs, car peut-on donner le nom de professeurs à ces misérables *maîtres d'école*, qui reçoivent à peine un salaire de manœuvre, qui n'ont d'autre vocation qu'une infirmité corporelle ou qu'une aversion décidée pour le travail des mains, et dont tous les efforts n'aboutissent après quelques années, qu'à enseigner à lire à quelques garçons et à quelques petites filles.

Ainsi qu'on peut s'en rendre compte, Claude Tillier semble annoncer déjà et prévoir avec une lucidité surprenante le triomphe de l'Ecole Laïque et la grande œuvre de pédagogie démocratique, entreprise par la IIIe République. Il va plus loin encore et semble même se montrer partisan du monopole de l'enseignement. Il se déclare, en effet hostile à une prétendue liberté d'enseigner, embusquée « dans ces petits cloîtres dont les murailles sont si élevées, que le gouvernement ne peut voir par dessus. »

En ceci, j'irais presque jusqu'à dire que Tillier se présente à nous ainsi qu'un Combiste avant la lettre, et nul doute qu'il se serait montré favorable aux lois récentes qui ont interdit l'enseignement congréganiste sur toute l'étendue du territoire français.

Il faut voir avec quelle verve un peu rude, avec quelle bonne humeur, avec quelle logique implacable, avec quels traits plaisants, il critique l'enseignement des ignorantins.

« De quelle valeur, nous dit-il, peut bien être cette instruction chrétienne qu'ils donnent à nos enfants ? Vous voudriez, vous, que tout en leur inspirant des sentiments religieux, on développât leur intelligence. Vous avez donné un enfant, et vous attendez à ce qu'on vous rende un homme ; mais l'Ignorantin n'a garde d'aviver l'intelligence de ses élèves ; l'intelligence discute, et la foi et la discussion sont incompatibles ensemble : la discussion est l'ennemie personnelle de l'Eglise : l'Eglise l'étouffait jadis sur les lèvres des hommes au milieu des flammes et des bûchers — comment la tolérerait-elle, aujourd'hui sur les lèvres de ses néophytes. »

Cette éducation religieuse, Claude Tillier ne la trouve pas seulement néfaste pour les cerveaux masculins qui lui sont soumis, mais il la considère encore comme dangereuse pour la femme.

Et c'est pourquoi dans un autre de ses pamphlets, il écrit malicieusement :

« Nous ne voulons pas, nous, faire de nos filles des vierges, des religieuses, des saintes à miracle ; nous voulons qu'elles soient des mères de famille. Or, cette dévotion, surchargée de pratiques de cent sortes, et toute hérissée de scrupules, sera-t-elle bien de mise dans leur ménage, à moins que ce ne soit un sacristain qu'elles épousent ? Pendant qu'elles seront à l'église, leur mari bercera-t-il l'enfant ou fera-t-il bouillir la marmite conjugale ? Est-ce avec des lambeaux de sermon qu'elles le retiendront au logis ?

« Et sans que nos femmes se mêlent à nos luttes politiques, n'est-il pas bon qu'elles aient aussi une âme citoyenne ? Oui, une âme citoyenne, d'abord, afin que nos enfants entendent dès leur berceau, prononcer avec amour le nom de la patrie ; puis, afin qu'elles n'abusent point du pouvoir décevant de leurs charmes pour nous détourner, nous leurs époux, des devoirs que nous avons à remplir envers la France ? »

Mes fr.·., nous aurions tort de rester sourds à cette exhortation de Claude Tillier. A présent encore, nous sacrifions trop volontiers l'éducation civique et intellectuelle de la femme, qu'ils nous appartient, d'ailleurs, à nous, époux ou pères de famille, de compléter et de parachever. Ceux là sont trop nombreux parmi nos amis qui négligent de mettre les croyances de leur famille en conformité avec les leurs. Ceux là sont trop nombreux, qui, par faiblesse, par indifférence ou par lâcheté envers l'opinion publique, abandonnent leur fils ou leur fille à la direction morale du prêtre. Les résultats de leur faiblesse ne se feront pas longtemps attendre, et ils verront bientôt leur idéal d'homme, bafoué par les êtres qui leur sont le plus chers, et qui deviendront bientôt les pires adversaires de leurs propres opinions philosophiques.

Ainsi l'anticléricalisme de Claude Tillier ne paraît pas avoir vieilli. Il est toujours d'actualité, puisque le mal continue toujours de subsister.

A l'égard des cérémonies cultuelles et des pratiques religieuses, il nous apparaît d'une irrévérence endiablée. C'est au nom du bon sens outragé, de la bonne nature offensée, c'est au nom de la raison et de la bonté, qu'il dénonce et qu'il blague les sottises, les contradictions, les injustices, les absurdités, dont fourmille la vie cléricale. Sa raillerie est alerte et vivante. Dans ses romans, on découvre maintes silhouettes de dévots et de bigotes, prises certainement sur le vif, et qui sont tracées d'une main délicate et satirique. Il faut voir encore dans son pamphlet *Sainte Florie*, avec quelle vivacité il malmène les miracles et se rit de la crédulité publique qui les admet.

Belle Plante et Cornélius est un roman qui renferme beaucoup de dialogues imprégnés d'une aimable ironie où nous apprenons que Claude Tillier ne rougissait pas de passer pour un mécréant.

Je ne citerai que ce passage, où la charmante Louise : la bonne amie de *Cornélius* vient annoncer au curé d'Armes qu'elle ne veut pas pour époux du Sacristain Panuche.

« — J'entends, s'écrie Louise. Panuche est bon homme : il est laid, il est sot, de plus, c'est votre sacristain : vous ne seriez pas fâché qu'il épousât une jolie femme, n'est ce pas ?

— Que voulez-vous dire, malheureuse, s'écria le curé furieux d'avoir été deviné par la jeune fille.

— Moi, répondit Louise, je veux dire seulement que je ne veux pas de M. Panuche.

— Et moi je vous dis que vous n'épouserez point votre Cornélius ?

— Qui m'en empêchera ? dit Louise mesurant le prêtre de son œil noir.

— Moi !

— Vous ?

— Oui, moi ! Je vous refuserai le sacrement de mariage comme à deux impies.

— Qu'à cela ne tienne ! Cornélius n'attache pas grande importance au sacrement de mariage : je le présume du moins. Nous nous marierons comme l'ont fait Adam et Eve.

— Et vous oseriez commettre un tel sacrilège ?

— Pourquoi non ? qui est sacrilège, de l'église qui refuse sa bénédiction à un jeune couple, ou du jeune couple qui, ne pouvant l'obtenir, s'en passe,

Allez, Monsieur le Curé, on mange bien des perdrix sans oranges ! »

Après cette légère satire du mariage religieux, Tillier ose se montrer partisan des obsèques civiles, à propos de l'enterrement de M. Minxit, personnage de l'*Oncle Benjamin* et dans le même roman, il nous présente une critique du Baptême, en des termes charmants dont vous me permettrez de vous donner lecture :

Benjamin, lui dit ma grand'mère, j'ai un service à te demander.

— Un service ! répondit Benjamin, et que puis-je faire, chère sœur, pour vous être agréable ?

— Tu devrais l'avoir deviné, Benjamin, il faut que tu sois parrain de mon dernier.

Benjamin qui n'avait rien deviné du tout et qu'au contraire cette proposition prenait à l'improviste, secoua la tête et fit un gros : Mais...

— Comment, dit ma grand'mère lui jetant un regard plein d'étincelles, est-ce que tu me refuserais cela par hasard ?

— Non pas, chère sœur, bien au contraire, mais,..

— Mais quoi ? Tu commences à m'impatienter avec tes mais.

— C'est que, voyez-vous, je n'ai jamais été parrain, moi, et je ne saurais comment m'y prendre pour remplir mes fonctions.

— Belle difficulté, on te mettra au courant : je prierai le cousin Guillaumot de te donner quelques leçons.

— Je ne doute ni des talents ni du zèle du cousin Guillaumot ; mais s'il faut que je prenne des leçons de parinologie, je crains que cette étude n'aille pas à mon genre d'intelligence vous feriez mieux peut-être de prendre un parrain tout instruit ; Gaspard, par exemple, qui est enfant de chœur, vous conviendrait parfaitement.

— Allons donc, monsieur Rathery, dit Mme Lalande, il faut que vous acceptiez l'invitation de votre sœur ; c'est un devoir de famille dont vous ne pouvez vous exempter.

— Je vois ce que c'est, madame Lalande, dit Benjamin ; quoique je ne sois pas riche, j'ai la réputation de faire bien les choses, et vous aimeriez autant avoir affaire avec moi qu'à Gaspard, n'est-ce pas.

— Fi donc ! Benjamin, fi donc ! monsieur Rathery, s'exclamèrent ensemble ma grand'mère et Mme Lalande

— Tenez ma chère sœur, poursuivit Benjamin, à vous parler franchement, je ne me soucie pas d'être parrain. Je veux bien me conduire avec mon neveu comme si je l'avais tenu sur les fonts de baptême, j'écouterai avec satisfaction le compliment qu'il m'adressera tous les ans le jour de ma fête, et fût-il de Millot-Rataut, je m'engage à le trouver charmant. Je lui permettrai de m'embrasser le premier jour de chaque année et je lui donnerai pour ses étrennes un polichinelle à ressort ou une paire de culottes, selon que vous l'aimerez mieux. Je serai même flatté que vous le nommiez Benjamin ; mais aller me planter comme un grand imbécile devant les fonts baptismaux, avec un cierge à la main, ma foi non, chère sœur, n'exigez pas cela de moi, ma dignité d'homme s'y oppose ; j'aurais peur que Djhiarcos ne me rît au nez. Et d'ailleurs comment puis-je affirmer, moi, que ce petit braillard renonce à Satan et à ses œuvres ? Qu'est-ce qui me prouve qu'il renonce aux œuvres de Satan ? Si la responsabilité du parrain n'est qu'une frime, comme le pensent quelques-uns, à quoi bon une marraine, à quoi bon deux cautions au lieu d'une, et pourquoi faire endosser ma signature par un autre ? Si au contraire cette responsabilité est sérieuse, pourquoi en encourrais-je les conséquences ? Notre âme étant ce que nous avons de plus précieux, n'est-ce pas être fou que de la mettre en gage pour celle d'un autre ? Et d'ailleurs qu'est-ce qui vous presse donc tant de faire baptiser votre poupon ? Est-ce une terrine de foi gras ou un jambon de Mayence qui se gâterait s'il n'était salé de suite ? Attendez qu'il ait vingt-cinq ans ; au moins, il pourra répondre lui-même, et alors s'il lui faut une caution, je saurai ce que j'ai à faire. Jusqu'à dix-huit ans, votre fils ne pourra prendre un enrôlement dans l'armée ; jusqu'à vingt et un ans, il ne pourra contracter d'engagements civils ; jusqu'à vingt-cinq ans, il ne pourra se marier sans votre consentement et celui de Machecourt, et vous voulez qu'à neuf jours il ait assez de discernement pour se choisir une religion. Allons donc ! vous voyez bien vous-même que cela n'est pas raisonnable.

Mes fr∴, ce passage de Claude Tillier est un excellent spécimen de la finesse d'esprit de notre auteur, et c'est un délicieux modèle de critique à la fois délicate et frêle.

Mais vous verrez d'autre part que Tillier n'était pas inaccessible à la poésie et à la pitié, et je n'en veux pour preuve que cette page de révolte attendrie sur le célibat des prêtres : (1)

« Comprends-tu, savant, toi qui comprends tout, qu'il

____

(1) Extrait de *Belle Plante et Cornélius*.

y ait des femmes qui s'abandonnent à un prêtre ? Un prêtre,
Cornélius ! mais rien n'est lugubre comme un prêtre !
Leur noire soutane projète un reflet de deuil sur tout ce
qui les entoure : ils sentent la poussière moisie de l'église ;
il rayonne d'eux je ne sais quoi de glacial semblable à ces
émanations qui s'échappent des caveaux. Il me semble
que leur présence doit suffire pour faner un bouquet sur
le sein. Il y a des prêtres qui sont beaux ; il y en a qui
sont aimables. Et pourquoi n'y en aurait-il pas ? Mais
ceux qui sont beaux ne le sont que comme la morne statue
qui est sur un cercueil et le sourire de ceux qui sont aimables ressemble à une touffes d'herbes fleuries qui pousse
au creux d'une tête de mort. Vrai, Cornélius, quand cet
homme noir me dit des douceurs, il me fait l'effet d'un
serpent que j'entendrais tout-à-coup chanter comme un
rossignol, ou d'une noire rainette qui prendrait sous mes
yeux les ailes d'un papillon et, s'envolant d'entre ses
roseaux, irait s'abattre sur les fleurs. Vois-tu, Cornélius,
si j'avais le malheur d'aimer un prêtre, quand je serais
avec lui dans un lieu écarté, j'aurais peur que le diable
ne vînt le saisir à mon bras ou que le feu de l'enfer ne prît
à sa soutane ; je craindrais toujours que ses baisers ne
laissassent sur ma joue une tâche de roussi.

« Et cependant, pourquoi les prêtres n'aimeraient-ils
pas comme les autres ? Un ange, pendant leur sommeil,
a-t-il extrait leur cœur de leur poitrine, et a-t-il mis une
pierre à la place ? Dire à un prêtre : tu n'aimeras pas,
est-ce plus raisonnable que de le dire à un tailleur ou à
un cordonnier ? Non, je ne croirai jamais que Dieu, qui
est l'auteur de tout bon sens, ait fait un précepte aussi
insensé. Au fait, la chasteté est-elle bien une vertu ?
Qu'est-ce qu'une vertu qui n'est utile à personne, qui livre
ceux qui la pratiquent à des luttes sans fin et aux tortures
du martyre, et qui, si tout le monde la pratiquait, amène-
rait la fin du monde ?

. . . .

« Et encore, comme si leur supplice n'était pas déja
assez cruel, il faut qu'ils soient les confidents de ces folles
jeunes filles qui n'ont que des péchés d'amour à leur racon-
ter ! Mais vous ne comprenez donc pas que, lui, le prêtre,
il sent sur ses lèvres le frôlement de tous ces baisers qu'elles
ont donné ? Ces paroles d'amour qu'elles ont murmurées,
et qui lui révèlent un paradis où il lui est interdit de mettre
le pied, elles voltigent comme des ailes brûlantes autour
de lui ; elles troublent, comme un écho de l'enfer, les priè-
res qu'il adresse à Dieu, et, la nuit, elles se changent en
blanches jeunes filles qui viennent tourmenter ses rêves :
ces délicieux péchés contre lesquels vous voulez qu'il s'in-

digne, mais il donnerait tout au monde pour en avoir été le complice ! La position que vous leur faites, c'est celle d'un homme à jeun que vous forcez à servir un bon repas : ils ressemblent — pardonne-moi, Cornélius, mes trivialités comme je te pardonne les tiennes — à un chien auquel son maître aurait attaché au cou un gigot rôti. (1)

Et, maintenant, mes fr∴ je crois que nous sommes suffisamment renseignés sur les tendances philosophiques de Claude Tillier. Vaguement teinté de socialisme évangélique et de spiritualisme chrétien, il était cependant passionnément anticlérical. Dans ce temps où le clergé était tout puissant, et où le peuple se trouvait encore sous le joug de la superstition, c'était là un signe éclatant d'indépendance, d'énergie et de caractère.

Pour ses idées et pour le triomphe de ce qu'il croyait être la vérité, il a dû subir toutes les souffrances et toutes les privations. Sans doute, ainsi que l'a écrit Lucien Descaves, il a avalé quelques unes de ces arêtes qui restèrent dans le gosier des naïfs réformateurs de 48 et les étranglèrent !

Quoi qu'il en soit, ce classique par la forme et ce républicain par l'esprit était digne d'être des nôtres. Et c'est pourquoi, en donnant son nom à notre nouvelle Loge, nous avons accompli un acte de justice. Car s'il en avait connu l'esprit et l'idéal, nul doute qu'il ne fût venu chercher dans nos ateliers, ces idées de libre examen, cette recherche désintéressée de la vérité, cette pratique de la fraternité et de la solidarité, qu'il réclama tout le temps de sa vie, avec toute la force et avec toute la sincérité de sa grande âme humanitaire.

---

(1) C'est là une satire plaisante de l'acte immoral et dégradant que l'Eglise appelle la Confession.

*La fin de la conférence du fr∴ Le Blond
ayant été couverte d'applaudissements,
l'At∴ décide à l'unanimité l'impression
de ce remarquable morc∴ d'arch∴*

LARGENTIÈRE (ARDÈCHE)
IMP. MAZEL & PLANCHER